AF359032

MAGNIFICENCES FAICTES EN PIEDMONT,

Sur le subject du MARIAGE de MADAME CHRISTIENNE Sœur du ROY, auec MONSEIGNEVR le Serenissime PRINCE de PIEDMONT.

A PARIS,

Chez IEAN LAQVEHAY, deuant Sainct Hylaire, dans la Court d'Albret.

M. DC. XIX.

Auec Priuilege de sa Maiesté.

RELATION DES
COVRSES A L'HOMME
Armé, Faites à Turin,

Par MONSEIGNEVR le Serenissime PRINCE de
PIEDMONT.

Esja la Renommee en-
nemie juree du silence
alloit espádant vn bruit
incertain du MARIAGE
de Monseigneur le PRINCE de
Piedmont, auec MADAME CHRI-
STIENNE Sœur du ROY TRES-
CHRESTIEN, lors que par vn
Courrier, que Monseig. le PRINCE

A ij

Cardinal de SAVOYE dépefcha de Paris, on en receut des nouuelles affeurees. Elles furent d'autant plus agreables, qu'elles auoient efté impatiemment attenduës, & qu'elles fe trouuerent accompagnees d'vne infigne faueur, dont le Roy honora Monfeigneur le PRINCE de Piedmont, en luy enuoyant les Couleurs de MADAME, lefquelles luy furent prefentees par les mains du Sieur MARIN Confeiller de fa Majefté, & fon Miniftre en Italie.

O l'heureufe Alliance! ô l'heureux couple, qui ne nous promet pas moins de bon-heur que nous en auons eu autresfois du temps de feu Madame Marguerite, dont la memoire nous fera toufiours en finguliere veneration, foit pour l'excellente vertu qui reluifoit en cefte PRINCESSE, foit pour le rare &

admirable Fruit, qu'elle nous a laiſ-
ſé. C'eſt pourquoy Meſſeigneurs
nos PRINCES ne pouuant conte-
nir dás leurs cœurs, quoy que gráds,
vne ſi exceſſiue allegreſſe, ils l'ont
reſpanduë ſur leurs ſubiects, & l'ont
fait, par maniere de dire, deſborder
par toutes les parties de leur Eſtat.
Ils ont fait faire durant trois iours
des Proceſſions publiques par toutes les Villes, Bourgs, & Villages de la
Sauoye, & du Piedmont, ils ont or-
donné, qu'on tiraſt les Canons,
qu'on fiſt des feux de ioye, & d'ar-
tifice, qu'on rempliſt les féneſtres
de lumieres, qu'on dreſſaſt des fe-
ſtins, qu'on tinſt des bals, & que par
tous les ſignes exterieurs, dont on ſe
pourroit aduiſer, on celebraſt auec
ſolennité ceſte heureuſe nouuelle.
Lors que le Courrier apporta la dé-
peſche Son Alteſſe eſtoit encor à

A ij

Riuoles, ou elle auoit passé les Festes
de Noël pour vaquer plus aisément
à la deuotion, & se desrober aux af-
faires : Mais comme il n'estoit pas
conuenable qu'en vn contentemét
public & commú, ce Prince demeu-
rast ainsi retiré, il s'en retourna à Turin le troisiesme de Ianuier, & le
mesme soir qu'il y arriua, il fit con-
uier toutes les Dames de la Ville de
venir au bal, ou cependant que l'on
passoit le téps à dançer, voicy qu'en-
uiron la minuit à la presence des Se-
renissimes Infantes, & de Messieurs
les Ambassadeurs, qui y assistoient,
apres vn bruit confus de trompettes, entrerent vingt-quatre Pages,
auec vn grand nombre de flabeaux,
& en suite parut vn Heraut vestu d'v-
ne cotte d'armes, qui s'auançant ius-
qu'au milieu de la Sale, se mit a lire
à haute voix le Cartel suiuant sur le

subject des Couleurs de MADAME,
qui sont le *Bleu*, l'*Incarnat*, le *Blanc*,
et l'*Amarante*.

LE CHEVALIER DE LA
Royale *Amarante*.

A QVICONQVE FAIT PRO-
fession de seruir vne belle Dame.

E tant de riches inuentiõs dont les Amants se sont auisez pour representer leur amour, ie n'en trouue point de si gentile que celle des Liurées, c'est le tesmoignage le plus public, qu'on sçauroit donner de son affection, lors que les Couleurs en sont biẽ choisies, & qu'elles se rapportent aux effects d'vne passion amoureuse; leur langage quoy que mysterieux, et muet s'entend par tout le monde, & il n'y a celuy qui ne sça-

che ce que les couleurs signifient, ce sont
des interpretes du cœur, & des messa-
gers de la volonté, c'est en quoy l'on peut
voir en quelque sorte l'image & la
teinture d'vne ame. La parfaicte &
Royale Amarante a des couleurs, qui
ont vn grand rapport aux quali-
tez dont elle est ornée, c'est la belle A-
marante, à qui par vne grace speciale le
Ciel m'a voué & destiné, afin que ie la
serue & que ie l'adore autant qu'on
peut adorer ça bas vne beauté mortelle.
Elle nous represente par le BLEV ses
pensees celestes, & releuees, par L'IN-
CARNAT ses chastes & honnestes incli-
nations: par le BLANC la candeur &
la pureté de sa foy, & par L'AMA-
RANTE sa constâce. C'est pourquoy auiourd'huy en la fameuse ville du Po, &
à la presence des sacrees Deitez de là
Daire ie m'offre à tous venâts, pour cô-
battre à l'homme armé, & pour maintenir

tenir que CELVY EST INDIGNE
DV NOM DE CHEVALIER ET
D'AMANT, QVI SERT VNE DA-
ME LAQVELLE AFFECTIONNE
QVELQVE AVTRE COVLEVR
QVE L'VNE DES QVATRE QVE
IAY DITES. *Et qui ne sçait que tout l'attirail & tout l'equipage d'Amour est peint de ceste sorte ; que son char, son bandeau, sa trousse, et son arc sõt enioli-uez de ceste peinture ; et que luy-mesme à les aisles riolees de ces quatre couleurs? S'il se trouue quelqu'vn si osé que de sou-stenir le contraire, qu'il s'asseure que de l'orgueil du* IAVNE, *du* desespoir *du* GRIS, *de la frenesie du* NOIR, *du peu d'asseurance du* ROVGE, *de la tromperie du* VERD, *il passera du* VERMEIL, *de la vie au* PASLE *de la mort.*

Apres que le Herault eut publié ce Cartel, dont il donna plusieurs

B

copies aux Dames, & aux Caualiers,
qui eſtoient là, on continua le Bal
pour quelque temps, & puis on l'a-
cheua, non pas tant pour aucune enuie qu'euſſent les Caualiers de prendre du repos, que pour ſe preparer
au combat. Durant les quatre iours
qui precederent celuy de la Courſe,
il n'y eut que maſquerades & reſ-
jouyſſance, & le iour aſſigné eſtant
venu, les lices ſe trouuerent dreſſees
à trois rangs, & eſtablis pour Iuges
du Cõbat & des Courſes Meſſieurs
le Comte Guy S. George, le Comte
de la Baſtie, & le Comte de la Valdi-
ſere, leſquels eſtoient aſsis à la main
gauche ſus vn eſchaffaut couuert de
damas. Les Sereniſsimes Infantes
paroiſſoiét deſſus la terraſſe du Cha-
ſteau deſſous vn daiz d'or auec les
Dames de la Court, les feneſtres &
les balcons, qui enuironnent toute

la place estoient pleins des Dames
de la Ville, & vne multitude infinie
de persónes fourmilloit en bas. Pre-
mieremét on ouyt sonner les Trópettes du costé de la ruë, qui viét du
Palais neuf, & bien tost apres com-
mencerent à paroistre douze Trópettes bien vestus àuec des Toques
de couleur *Bleüe, Incarnate, Blanche,*
et Amarante, qui representoient
les Vés Ambassadeurs ordinaires de
l'Aurore, sous l'escorte de laquelle le
Serenissime Tenant deuoit entrer
au Camp. Apres luy marchoit vn
Chameau mené par quatre Mo-
res Affricains habillez de la mesme liurée, qui portoit force lances
couuertes de damas bleu. Douze E-
staffiers suiuoient vestus de mesmes,
&douze Pages venoiét apres sur des
Genets d'Espagne richement harna-
chez. Ceux-cy representoient les

douze Heures du iour, que les poë-
tes ont accoustumé d'habiller de ceste façon, auecques des Toques des
mesmes couleurs; leur teste estoit
couuerte d'vne blonde perruque de
fil d'or auec vne Couronne compo-
sée de lys, de roses, d'Hyacinthes, &
d'Amarantes, au dessus de laquelle
reluysoit vn grand Soleil fait de la-
mes d'or. Ils auoient aux espaules
deux aisles argentees, Ils portoient
au bras gauche vn Escu, ou estoit de-
peinte la deuise, & escrit le nom du
Cheualier, & en la main droite ils a-
uoient vne lance argentee auec la
baderolle de la mesme liuree. Apres
cela on voyoit venir six Coursiers
aislez trainans lentement vn Char
triomphal, qui signifioit le char de
l'Aurore. Il estoit d'vne hauteur des-
mesuree, enrichi tout autour de
peintures, ouuré en bas relief &

basti d'vne industrieuse architecture.

Au faiste de ce Char estoit assise l'Aurore mignardement vestuë, accompagnee de l'Alegresse, & du Ris, qui ioüant du Luth & de la Teorbe apres auoir fait le tour de la Place, & estre arriuez à la presence des Sereniffimes Infantes ioignirent leurs voix à celle de l'Aurore, qui chantoit des vers Italiens, dont voicy la substance,

Ne vous figurez pas Peuples des Alpes, que ce soit pour triompher des tenebres, & de la nuict, que ie fais auiourd'huy ceste pompeuse mōstre par vostre ville : Non, non, ie ne viens pas icy pour cela : C'est pour emprunter d'vn Grand Prince, des noueaux embelliffements, & des nouelles formes de lumiere, c'est pour auoir les quatre couleurs, dont il fait tant d'estime, i'ay enuie d'en

estre paree, et de faire voir leur
esclat dans le Ciel, et par tout
l'Vniuers.

Six Parrains alloient ſuiuant le
Char Triomphal, & eſtoient ſuperbement veſtus, auecques le bas at-
taché, auec force plumes de hai-
ron, force pierreries, & portans des
eſcharpes de la meſme liurée, c'e-
ſtoient.

Le Marquis de Lullin,
Le Marquis de Voguere
Le Baron de ſainct George
Le Marquis de Caraglio
Le Marquis Pallauicin.
Monſieur de Lodes,

A la fin on voyoit venir Monſei-
gneur le Prince, lequel encore qu'il
n'euſt point ſon pareil en ce qui eſt
d'auoir de la grace & de l'adreſſe à
bien porter ſon bois, & à bien ſça-
uoir aſſener le coup, & que partát

nul ne fuſt ſi oſé que d'entrer en lice
contre luy, ſi eſt-ce toutesfois que
pour ne ſe priuer du plaiſir que l'ó
prend à courre le pris, & de peur
que la briefueté du iour ne peuſt
permettre à tous les Caualiers de
courir, il iugea qu'il eſtoit à propos
de paroiſtre accompagné des Cheualiers ſuiuants.

Monſieur de S. Reran ſous le nom
   d'Almidaure le Conſtant
Le Comte de Montué, nommé Ful-
   gimarte ſans peur
Monſieur de Cauorret appellé le fier
   Dragon
Monſieur de Maſerès, dit Palmia-
   de le Fidelle
Monſieur de Roſsillon nommé Lear-
   que le Courageux   (*Fort.*
D. Aſcanio Bobba dit Primislas le
Monſieur de Druent dit Cloridant
   le Brane.

Fuluio dellé lanze , dit Altomars
le Sanguinaire
Le Cheualier d'Aglié nommé Prodic-
lee le Guerrier
Le Comte de Frusasque dit Termo-
dont le Courroucé
Le Marquis Forno dit Erolinde le
Cruel.

Cependant Monseigneur le Prince auoit disposé & concerté les ha-
billements de telle sorte , qu'a l'entrée qu'il sit faire de trois à trois,
toute la liuree des quatre couleurs
paroissoit d'abord exposée à la veuë
des spectateurs, Son Altesse pourtant choisit entre les autres la couleur d'*Amarante*, à raison dequoy
on voyoit principallement ondoyer
sur son timbre parmy les plumes,
Bleuës, Incarnates, & Blanches, celles d'*Amarante*, Vn manteau d'argent luy pendoit des espaules, &
estoit

estoit là dessous richement armé à
l'antique auec vn girel, ou vn bas
de saye de la mesme façon, tout se-
mé de perles & de brilláts. Il mótoit
vn fort beau Cheual, qui estoit en
perpetuelle actió & l'on auroit dit, à
le voir escumer de la bouche, à l'ouïr
souffler & hánir, & à battre du pied,
qu'il prouoquoit ses ennemis au
combat & ne demandoit que la
guerre. Il estoit magnifiquement
couuert d'vn caparaçon de la mesme couleur auec des passemens, des
franges, & des houppes d'argent,
& le tout enrichi de fleurs & de roses
du mesme metail. On prit grand
plaisir à voir cete entrée, mais ce qui
en rendit la veuë encor plus agreable,
ble, ce fut la maiesté de ce Prince, &
l'orgueil & la piaffe de só cheual, en-
semble sa liuree grádemét riche, &
merueilleusement bié concertée, el-

C

le paroiſſoit entre deux Cheualiers, dont l'vn eſtoit veſtu de *Bleu*,
& l'autre *d'Incarnat*, les vns & les autres ayans pris les habits & les ornements ſoit de leurs perſon-
nes, ſoit de leurs cheuaux, de
meſme parure. Les yeux n'euſſent ſceu voir vne choſe plus excellente, ny qui paruſt dauantage, tant pour la beauté de l'inuen-
tion que pour la richeſſe de la pompe, de ſorte qu'on tient qu'elle à eſ-
galé toutes les autres magnifi-
cences, qui ſe font iamais faictes
en ceſte Court, laquelle peut bien
ſe vanter d'eſtre l'vnique Theatre
de l'Italie, ſur lequel les Cheualiers
exercent continuellement leur me-
ſtier, & maintiennent les armes en
honneur, ſoit qu'il combattent à
bõ eſcient, ſoit par maniere de ieu &
de paſſe-téps. Ces Guerriers ſe diui-

ſoient par files, & chaque file faiſoit
l'aſſemblage des quatre couleurs,&
tous enſemble ne repreſentoient
autre choſe, que ceſte liuree. Chacun d'eux s'auançoit en faiſant aller
ſon cheual à courbettes,&tous leurs
cheuaux eſtoiét blács, gris pomme-
lez , & bais auec des grands pan-
naches ſur le chanfrein, & tellemét
caparaçonnez, que l'on n'euſt ſçeu
voir ſi petit endroiɛt, qui ne fuſt
tout brillant & enrichi d'argent. A-
pres qu'ils eurent fait le tour de la
Place, qu'ils eurent reconu la lice,
& fait la reuerence aux Sereniſſimes
Infantes, & ſalué les Iuges, il pleuſt à
ſó Alteſſe Sereniſſime, qui s'y trou-
ua maſquee auec vn bon nombre
de Caualiers, de donner lieu a ſon
eſquadrille, & luy aſſigner l'entree
de la lice, dont elle ne tenoit pas encor le coſté droit. Mais voicy qu'vn

C ij

nouueau son de trópettes fit tour-
ner les yeux d'vn chacun deuers la
ruë neufue, ou commençoient desia
à paroiſtre douze Trompettes habillez de diuerſes couleurs confor-
mes à celles des Cheualiers, qui venoient apres. Douze Eſtaffiers les
ſuiuoient veſtus de la meſme liurée,
& apres eux on voyoit venir douze
Pages montez ſur des grands cheuaux, qui eſtoient bien differents
quant au poil (dautant qu'ils de-
uoient auoir du rapport aux couleurs de chaque Cheualier) mais
non pas differents en beauté, ni
en magnificence : toutes leurs
ſelles & leurs harnois eſclatoient
d'vne meſme façon, & eſtoient
ſuperbement brodez de canetille
d'or & d'argent : au reſte ils auoiét
le chan-frein couuert d'vne quantité de plumes, ou les vents ſe ioüoiét

de toutes parts, tãdis qu'vn long ra-
meau de coral qui s'eleuoit par def-
fus le panache, demeuroit ferme &
refiftoit à leur violence. Chaque
Page portoit les couleurs du Cheualier à qui il appartenoit. Ils fem-
bloient reprefenter douze Nimphes Maritimes, qui auoient quitté
leur feiour ordinaire pour s'en venir habiter en cefte contree, & cer-
tes il eftoit fort aifé de les prendre,
& recognoiftre pour telles, foit en
l'eftoffe & en la façon de leurs habits, foit aux cheuelures & aux affi-
quets de leurs teftes. Ils tenoient à la
main droicte vne lance doree auec
des banderoles de la liuree de chaque Cheualier, & au bras gauche il
portoient vn Efcu auec les deuife
& les noms des Aduanturiers, po
la defenfe defquels on voyoit ver
à la file fix Parrains ayants le bas a

C iij

taché, & des plumes de fleur de
pesché sur l'oreille, auec vne eschar-
pe verd de mer sur l'espaule, &
des bastons argentez à la main. Voicy leurs noms.

Le Comte de la Motte
Le Comte de Cartignan
Monf. de la Brosse
Le veedor Asinari
Le Comte Charles Scaglia
Le Comte Louys d'Aglié.

Suiuoient apres douze Cheualiers
arrágez en forme de Pyramide, dót
le Sereniffime Prince Thomas estoit
le Chef, lequel estant monté sur vn
heual remuát, qui remaschoit son
rein, qui battoit du pied, & ne
essoit de renifler, d'escumer & han-
ir, rempliffoit de merueille & d'a-
mour toute l'assistance. Il couuroit
à teste d'vn heaume d'argent, qui
stoit faict en guise de Dauphin, à

la cime duquel flottoit vne grande
quantité de plumes de couleur verd
de mer, & de fleur de pesché, dont
il portoit encor vn manteau qui luy
deualoit des espaules, tout façonné
à escailles d'argent. Il auoit l'esto-
mach, le dos, & les bras touts faits
à escailles de talc si claires & luy-
santes, que le Soleil venant à donner dessus, redoubloit sa lumiere,
& par reflexion produisoit vne
viue clarté, qui esbloüyssoit les
yeux de tout le monde. On voyoit pendre de sa ceinture vn bas de
saye de ces mesmes couleurs, tout
enrichy de perles, de coquilles, &
de mille autres sortes d'ornements,
qui pouuoiét rendre l'ouurage plus
superbe & plus beau. Au demeurát
ie ne sçaurois dire, si le caparaçon
du cheual estoit de soye ou d'argent
massif, tant il estoit couuert & de

perles, & de franges, & de brillants,
parmy vne gráde touffe de plumes,
le cheual portoit sur le front vn ra-
meau de coral rougissant. Ce gene-
reux Prince ayant fait sçauoir qu'il
s'appelloit Armidor, ne fut pas si
tost à la presence de Messieurs les
Iuges, que sur le deffy qui auoit esté
fait par le Cheualier de la Royale
Amarante, il leur fit presenter par
ses Parrains la responce, qui suit.

ARMIDOR DE L'OCEAN
Indien Chef des Aduenturiers.

AV VALEVREVX TENANT.

Q*V'il vous soit permis tant
qu'il vous plaira (Gene-
reux Cheualier) de cele-
brer la liuree de la Royale
Ama-*

Amarante, ie ne l'empeſche point : mais
ne croyez pas pourtant qu'on vous per-
mette, que par la voye des armes vous
preferiez ces quatre couleurs à toutes les
autres, ny que vous reſtreigniez les louã-
ges des Dames, & des Caualiers dans
les bornes eſtroites d'vne liuree. Il n'eſt
pas raiſonable d'aſſubietir ainſi le ge-
neral au particulier. Moy qui ſuis né
en ceſte belle et excellẽte contree, ou la
Nature ſemble auoir deſployé plus qu'en
lieu du monde, tout le threſor & toute la
pompe de ſes couleurs, ou la gloire s'ac-
quiert auſſi toſt auecques le ſang, que
l'amour des Dames auec des liurees, Ie
veux ſouſtenir que les couleurs de fleur
de peſché & de verd-de-mer, qui ſont les
couleurs de ma chere Idalbe, ne teſmoi-
gnent pas ſeulemẽt la beauté de celle que
i'adore, mais auſſi ma proüeſſe, et mon
amour. Ceſte liuree contient en ſoy comme en vn abregè toutes les merueilles de

D

l'Vniuers, Ie m'en rapporte à la Mere
des fleurs , qui parmy l'abondance &
la diuersité de son esmail ne faict rien es-
clorre de plus beau, ny dont elle se pare
dauantage durãt la ieunesse de l'annee,
que la riche fleur de pesché. La Mer &
le Ciel ne semblent-ils pas disputer à
l'enuy à qui demeurera le Verd-de-
mer , et ne voyons nous pas qu'à la
pointe du iour ils ayment tellement ceste
couleur, que la Mer ressẽble vn Ciel,
et le Ciel vne mer ? mais ou brillent les
Astres, ou s'engendrent les perles que
dãs le verd-de-mer? la robe du Printẽps,
le sein de l'Aurore, le voile d'Iris et l'e-
stendart d'Amour sõt ils pas peints de
ceste couleur? Cachez vous Hyacinthes,
flestrissez Amarantes, ô roses rougissez,
pallissez ô lis, les vns de peur, les autres
de honte, car la Nature comme vn nouueau Hercule a planté, pour le dire ainsi,
en ces deux Couleurs, les limites de la

beauté, Et de faict ſçauroit-on rien
trouuer de plus conuenable à ceſte ſecon-
de Venus, que la couleur meſme de la
mer, en laquelle elle a pris ſa naiſſance?
eſtoit il à propos que le Soleil de la
terre euſt vne autre liuree que le Soleil
des cieux? Quãd ſur la mer d'Amour &
& de Mars ie verrois eleuer contre
moy mille tempeſtes, et mille orages,
pourueu que les luiſantes eſtoilles de
mon Idalbe m'eſclairent touſiours &
me ſeruent de Phare, ie ne crains rien,
ie ne ſçaurois perir, au contraire i'eſ-
pere qu'ainſi qu'vn Iaſon fortuné, ie
vaincray les ondes & les vents, et me
feray cognoiſtre vray Amant et vail-
lant combattãt tout enſemble. Si ie ſuis
venu de la mer des Indes, ie pretens auſſi
de m'en retourner par la mer rouge de
voſtre ſang, apres que ie me ſeray char-
gé de gloire et de deſpoüilles. Ça mes
armes, ça, ça mes armes.

D iij

Trois Cheualiers venoient à la
suite de son Altesse, entre lesquels
Monsieur le Comte de Masin nó-
mé Aspremont de la Floride estoit
monté sur vn cheual aubere, &
portoit vn habillement semblable
à celuy que nous auons descrit cy
dessus, fors que la couleur en e-
stoit changeante. Il respondit ainsi
au deffy.

ASPREMONT DE LA
FLORIDE

Au Cheualier de la ROYALE
AMARANTE.

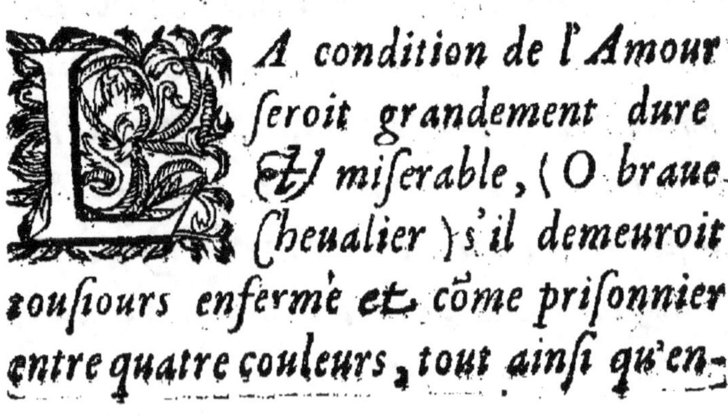

*A condition de l'Amour
seroit grandement dure
&/ miserable, (O braue
Cheualier) s'il demeuroit
zousiours enfermé et côme prisonnier
entre quatre couleurs, tout ainsi qu'en-*

ſtre quatre murailles ; vous auez beau
dire qu'il ſeroit logé entre la hauteur
des penſees, que vous entendeZ par le
Bleu, entre des chaſtes flames, que vous
repreſenteZ par l'Incarnat, parmy la
pureté de la foy, dont le Blanc eſt ſymbole, & dans la fermeté de l'Amarante, cela n'eſt pas capable de le contenter.
De quoy ſeruiroit à un amoureux d'a-
uoir logé ſon cœur hautement, & de
s'eſtre adreſſé a vne Maiſtreſſe, dont
toutes les penſees ſoient honneſtes, dont
la foy ſoit ſincere, & la conſtance im-
muable, ſi auec tout cela il n'auoit la
force & le moyē de la ſeruir, & s'il ne
ſçauoit de quelle ſorte il la faut honorer
& de quelle façõ il la doit approcher, et
courtiſer? & de quoy derechef luy pro-
fiteroient toutes ces qualiteZ, ſi d'ail-
leurs il n'eſperoit d'eſtre recompenſé, et
qu'il ne ſe promiſt l'amour reciproque de
celle qu'il ayme, & s'il n'eſtoit ſecret

D iij

pour celer, comme il faut, les sacrez
thresors de ses faueurs ? et pourquoy
ne sera-il pas loisible à vne belle Dame
de couurir sa gorge d'vn voile noir, si ses
yeux sõt noirs, et si ses sourcils ont vn
noir esclat ? pourquoy ne pourra-t'elle
pas se parer de pourpre, si la nature
luy a fait les leures de ceste couleur ?
pourquoy luy sera-t'il defendu de porter le iaune, si elle a les cheueux de fin
or, et pourquoy n'aura elle le pouuoir
de s'habiller de gris et de verd si
l'vn ressemble aux cendres, dont les
pauures Amants couurent leur feu, et
si l'autre est la marque de l'esperance qui
les nourrit ? Sçachez qu'Amour regit
son Empire auec vne plus grande puis-
sance, auec des loix plus iustes, auec plus
de prudence et de generosité, que vous
ne pensez. Ca, ça, prenez les armes,
que si vous n'auez point plus de courage
que de raison, ie vous feray bien tost ap-

perceuoir, que l'Ambition de voſtre Bleu, vous portant à la temerité del'A-marante, parmy les delicateſſes de l'Incarnat, vous cõduira au Blanc *de la* mort, *tandis que la force de mon* Noir, *reſioüy par la compagnie du* Iaune *eſ-pere auec le* Verd *d'imprimer le* Vio-let *ſur vos ioüës,* & *d'arrouſer abon-damment ce champ auec le* Rouge *de voſtre ſang.*

Monſieur de Flory, dit Toriſ-monde du Gange, l'accompagnoit ſur vn cheual bay-caſtagne, auec vne liuree Iaune & Noire.

Le troiſieſme eſtoit le Sieur Fran-çois Tagliacarne, tout veſtu de noir chamarré d'argent, lequel eſtant monté ſur vn cheual noir, mit en auant ceſte noire reſponce, ſous le nom de Bruniſcape du Nil.

AV CHEVALIER DE LA
Royale Amarante.

E suis Brunicaspe du Nil, I'ay l'ame noire, le visage noir, l'habillement noir, les paroles noires. Ie hays les couleurs d'Amarante, non point qu'en effect elles ne soient belles, mais dautant qu'estants belles, elles me desplaisent & m'offencent. Ie n'ayme pas à voir en autruy la felicité dont ie suis priué, & demeurant dans l'Enfer des tourments, ie ne puis souffrir que les autres soient dãs le Paradis des delices, viuant dans les tenebres ie ne puis supporter que les autres iouyssent de la lumiere; Ce n'est qu'obscurité que de moy, ce ne sont que douleurs & qu'agoisses, partant ie porte enuie à la clarté *et aux contentemens des bien-heureux. Et me voicy, O braue Cheualier d'A-marante, qu'auec vne espée & vne lance, ie me viens presenter sur les rãgs pour combattre auec tóy, non que i'y sois meu d'aucun iuste subiect, mais poussé seulement d'vn pur desespoir. Ie t'aduertis que ie porte la mort dans la main, ainsi que la terreur sur le front et l'effroy & l'horreur en ma liuree, ie suis le fils aisne des tenebres, le sombre nourrisson de la Nuit, & l'heritier des ombres : tout pasle, obscur, & haue que ie suis i'entreray en lice contre toy, Cheualier d'Amarante, pour essayer tes forces & ta valeur.*

Quatre autres Cheualiers sui-uoient à la file, entre lesquels estoit le Marquis de S. Damiã, dit Lisuart de la Mose, monté sur vn Cheual Rouan auec vne liuree grise & rouge. Voicy sa response.

LISVART DE LA MOSE
AV CHEVALIER DE LA
belle Amarante.

IE ne fais point d'estat des couleurs, ce sont des vains effects de la lumiere, & des trompeuses inuentions des Amants: Si l'on ne croit point aux yeux, qui sont les vrais ambassadeurs du cœur, si l'on n'adiouste point de foy aux paroles, qui sont les interpretes de la volonté, comme croirons nous aux couleurs qui sont si variables, & qui se changent si facilement? Le Cameleon n'est point si diuers, ny l'Aurore esmaillee de tant de fleurs, qu'vn Esprit amoureux est subiect à toute sorte de mutations. Mais s'il se trouue quelque couleur qui soit conue-

nable à vn guerrier, qui ne sçait que
les deux qui paroissent dãs mes ensei-
gnes et qui esclatent dans mes e-
stendarts sont beaucoup plus nobles
et plus excellentes que les autres?
Ie porte le Rouge voirement , mais
ce n'est pas que ie l'aye tiré des con-
ques de Sidon , ny apporté des côtrees
de Tyr , ie l'ay pris dans les playes que
i'ay ouuertes auec mon espee , c'est du
sang de mes ennemis, dont i'ay empour-
pré ma liuree, Ie porte aussi le gris pour
representer les cẽdres, nõ pas des victi-
mes qu'on immole sur l'autel d'A-
mour, mais des villes entieres, des Cha-
steaux , & des forteresses que i'ay de-
molies & bruslees sur mes ennemis. Ce
sont là les Couleurs dont ie piaffe, c'est
de quoy ie triomphe, c'est pour cela
que i'entre auecques vous au combat,
m'asseurant que par le moyen de mes armes ie tesmoigneray l'estime que ie fais

de ma liuree, & que i'accroiſtray ſon honneur & le mien par l'heureux ſuccez de la victoire.

Le Comte Arduin Valpergue ſous le nom d'Arimaſpe du Rhin portoit vn habillement colombin, & eſtoit monté ſus vn cheual caueſſe de More.

Monſieur de Beſſé ſous le nom du Cheualier Floriſel de la Tamiſe auoit vne liurée verde & iaune, & eſtoit monté ſus vne Pie. Il donna pour reſponce ces vers François.

LE CHEVALIER DE LA TAMISE

AV CHEVALIER DELA
Royale Amarante.

Floriſel Cheualier ie ſuis de la Tamiſe,
  Ie n'ayme autre couleur, que le iaune & le vert,
Ie porte en mon eſcu deux Amours pour deuiſe,
  Mon ſeul bras dans ce champ d'interprete me ſert.

D. Barthelemy Prouane , dit
Idaure de la mer liguſtique ,
deſploya ſa liurée verde & noire ,
monté ſus vn cheual bay doré.

Les autres quatre ſuiuoient ,
ſe tenants vn peu plus eſloignez
les vns des autres , à fin de mieux
former la figure de la Pyramide.

Monſieur de Parelle dit Taurinde des deux Doires eſtoit tout couuert d'or & d'argent , & montoit
vn cheual fauue. Il laiſſa la reſponce
ſuiuante.

T A V R I N D E   C H E V A L I E R
des deux Doires.
AV CHEVALIER DE LA
Royale Amarante.

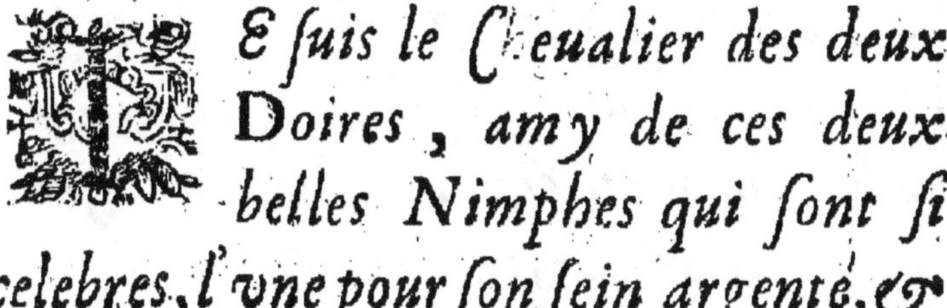

E ſuis le Cheualier des deux
Doires , amy de ces deux
belles Nimphes qui ſont ſi
celebres, l'vne pour ſon ſein argenté, &

l'autre pour ſes treſſes dorees. Ie viens icy, y eſtant conuié pluſtoſt par le bruit de la reſiouyſſance publique, que par le ſon de vos trompettes. Ie me preſente armé auſſi bien de raiſon que de fer pour vous combattre; Vous qui pour maintenir l'honneur de la liuree d'A-marante, ne redouteZ point le cour-roux d'Iris, qui eſtant irritee du meſpris que vous faites de ſes Cou-leurs, eſt preſte à decocher ſon arc contre vous. De moy ie ſouſtiens que la liuree d'vne belle Dame eſt impar-faite, ſi l'argent et l'or n'y eſt meſlé, celuylà eſt l'image de la vertu Heroy-que, et celuy-cy eſt le ſymbole de la diuinité. Preparez vous donc au com-bat, que ſi ma langue n'eſt ſuffiſante pour vous ouurir l'eſprit, i'ouuriray voſtré corps auecques ma lance, ce que le tõnerre de mes paroles ne pourra fai-re, la foudre de mes coups l efera: et ſi

*vous ne vous resoluez d'enrichir la li-
uree d'Amarante auec l'argent & l'or
de mes Nymphes, tenez pour asseuré
que vostre peur y adioustera vne pasle couleur, & que vostre sang la tein-
dra de Rouge.*

Le Comte de Vische sous le nom
de Romulee du Tybre estoit vestu
de couleurs d'Isabelle & de gris,&
montoit vn cheual alzan. Il fit voir
la responce suiuante.

ROMVLEE CHEVALIER DV TIBRE.
AV CHEVALIER DE LA Royale Amarante.

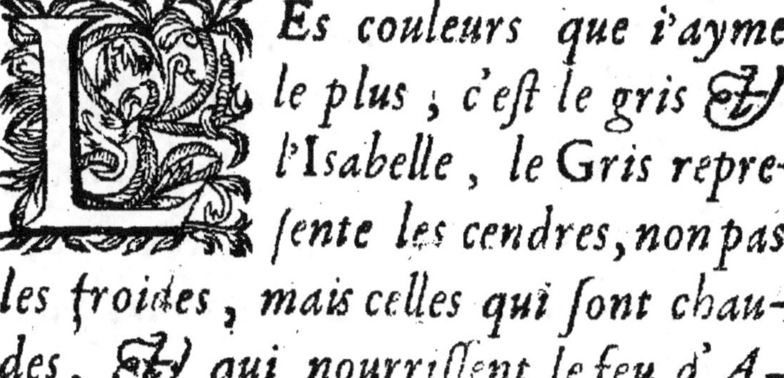

*Es couleurs que i'ayme
le plus, c'est le gris &
l'Isabelle, le Gris represente les cendres, non pas
les froides, mais celles qui sont chau-
des, & qui nourrissent le feu d'A-*

mour, et font viure sa braise; L'Isabelle est l'image du miel, qui me promet
de grandes douceurs; De sçauoir si ces
deux couleurs sont plus belles que les vo-
stres, ie ne veux pas vuider ce diffe-
rent, mais il suffit que ce sont celles de
ma Maistresse, n'est ce pas assez pour
m'obliger à en embrasser la protection?
Elle donne la loy à mon cœur, à mon
entendement, à ma main, et comme
elle est le but de mes desirs, elle est aussi
la borne de ma suffisance. Quiconque
regarde fixement le Soleil, ne sçauroit
se plaire à considerer des couleurs; et
moy qui ay sans cesse les yeux fichez sur
mõ beau Soleil, dificilemẽt puis-je m'at-
tacher à vn autre obiect, ny iuger des
liurees d'autruy; Et partant (Gene-
reux Cheualier) prenez vos armes,
ie veux en combattant contre vous rendre mes Couleurs, et ma gloire plus
illustre.

Le

Le Marquis Charles Forne ſous
le nom d'Admiral de l'Euphrate
parut auec vne liuree minime &
noire, ſur vn courſier gris brun,
& ſe rendit beaucoup plus ſignalé
auecques ſa lance, qu'auec ſon Cartel. Le Sieur Hortenſe de la Moree
auoit vne liuree tanee & argétee, &
eſtant monté ſur vn cheual gris pó-
melé publia ſa reſponce ſous le
nom de Celindre du Peloponois,

CELINDRE DV PELOPONOIS

AV CHEVALIER DE LA
Royale Amarante.

I'AIME la Couleur du
Lion, ie veux teſmoigner
par mes habits, & par
ma liuree la generoſité de
mon courage, c'eſt la couleur qui agrea

F

tant a Hercule fils de Iupiter, & que la belle Onfale fon amoureufe n'eut point a mefpris, c'eft la liuree du Roy des animaux, c'eft celle de ma Reyne, en fomme c'eft la couleur Royale, me voicy preft à le maintenir auec ma lance.

Quand les Auenturiers furent entrez, ils fe rangerent du cofté gauche de la lice, & alors les trompettes donnerent le fignal du combat dont tout l'air d'alentour retentit. Les Cheualiers animez de ce fon Martial fe mirent en eftat de combattre: à voir tout à coup hauffer tant de lances, & dreffer tant de bois, on auroit dit que c'eftoit vne foreft enchantee qu'on auoit tranfportée en ce lieu là.

Ainfi le Magnanime Tenant commença le combat, & courut trois carrieres contre le Cheualier

de la Tamiſe, lequel comme vain-
cu donna le pris dont il auoit eſté
conuenu. Le Sereniſſime Prince
Thomas remporta la victoire ſur
Thomas d'Almidaure, Taurinde
ſur Fulgimare, Liſuarte ſur Dra-
gonte, Palmiado ſur Romulee,
Idaure ſur Learque, Primiſlas ſur
Toriſmonde, Celindre ſur Cloridant, Altomarte ſur Admiral,
Prodiclee ſur Arimaſpe, Termo-
donte ſur Aſpremont, & finale-
ment Brunicaſpe ſur Erolinde.

Les combats ſinguliers eſtant a-
cheuez, l'on courut en foule aſſez
longuement, iuſques à ce que les
trompettes ſonnerent la retraitte,
Le pris en fut donné au Sereniſſime Tenant. Alors les Cheualiers
ſe retirants chacun de ſon coſté & à
ſon rang, firent tout le tour du
Camp deux à deux en parade,

& se rendirent au Palais neuf.

Le Soleil acheua sa carriere au mesme temps que les Cheualiers acheuerent la leur, mais la nuict qui suruint, fut esclairee de tant de lumieres, qu'on n'eut point de subiet de regreter la perte du iour. Les maisons de Messieurs les Ambassadeurs, & sur tout celle du Sieur Marin sembloit estre embrasee de fond en comble, & toute la ville estoit en feu, lors que les grands Astres de la Doire, voire de l'Italie y adiousterét des nouuelles clartez. Ie veux dire que son Altesse & les Sereníssimes Princes & Infantes se promenerét toute nuit par les ruës, pour applaudir à la ioye publique, & honorer la feste, de leur presence. Vn nombre infiny d'Estafiers, de Pages, & de Caualiers marchoient deuant eux auec vn bel or-

dre & portoiét prefque autant de
flábeaux qu'ó en voyoit reluire au
firmament, qui par vne claire fere-
nité tefmoignoit auffi fa refiouyf-
fance : il femble mefme que le
temps y ayt voulu contribuer fa
part, s'eftant rendu fi doux & tem-
peré, qu'au plus fort de l'hyuer on
euft dit qu'on eftoit au printemps.
Il eft impoffible d'exprimer l'excés
du contentement que l'on a receu
à l'occafion de ce mariage , non
pas à Turin feulement, mais par
tous les Eftats de fon Alteffe. Ces
peuples efperét de voir deformais
refleurir la paix fous l'ombre des lis,
& de participer au bon-heur de
leurs Princes Sereniffimes, qui par
le moyen de cefte grande & Augu-
fte alliance fe promettent le comble de la felicité. Ils prient Dieu fans
ceffe de vouloir accomplir leurs ef-

perances, & rendre son Altesse lóguement iouyssante de toutes ces benedictions, affin que ses subiects heureusement regis par vn si grád Prince puissent estre en repos parmy les leurs, & en estime parmy les estrangers.

FIN.